옥계바다 소나무

옥계바다 소나무

이준구 시집

신아출판사

| 시인의 말 |

눈을 감으면 가장 먼저 떠오르는 것은 언제나 고향의 산과 바다입니다.
나의 성장의 뿌리는 솟구재에서 바라본 칠산바다와 위도, 그리고 변산반도와 선운산의 배 멘 바위 위에서 비롯되었습니다.

사춘기 시절, 하모니카 하나 들고 산정에 올라 바라보던 그 산과 바다는 지금도 변함없이 그 자리에 있습니다.
그러나 그때 함께 웃고 울던 부모 형제와 친구들은
세월 속으로 하나둘 멀어져 갔습니다.

작은 나무는 거목이 되었고,
울창하던 야산은 전답으로 변했습니다.
세상은 끊임없이 변했지만
고향의 바다와 산, 그리고 새로 자란 소나무는
여전히 그 자리를 지키고 있습니다.

변한 것은 오직
가슴 깊은 곳에 남은 옛 추억뿐입니다.

이제는 그 추억의 흔적을 더듬는 일이
일상의 소소한 행복이 되었습니다.

이 시집은 고향과 어머니에 대한 그리움으로 엮은 첫 시집입니다.
칠 년 동안 걸어온 길목에서 바라본 완산칠봉과 모악산, 삼천천변에서 담아온 세월의 자취를 한 권에 모았습니다.

시와 사진을 통해
고향과 지난 시간을 회상하며
따뜻한 쉼표 하나 드리고 싶습니다.

시집 발행 동기를 부여해 주신 소재호 교수님과
금광 준길형님께도 감사의 뜻을 전합니다.

2025년 겨울
완산칠봉과 모악산이 바라보이는
금호청솔 우거에서
해광 이 준 구

차례

제2부 산책길에서

제3부 나팔꽃 편지

제4부 비양도 등대

제1부

고향의 봄

그리운 고향 바다

칠산 바다 물결 따라
파도소리 스민 바람
허물어진 산기슭에
단애의 아픔 담겨 있다

파도야, 너는 알겠지
사라진 청춘의 흔적
모래 속 깊이 묻어둔
말 못 할 사연들을
입 꼭 다문 채 말하지 마라

석양 붉게 잠기면
가슴은 불처럼 타오르고
고향의 바다 위에는
금빛 이불, 고요히 펼쳐진다

이산의 노래

압록강 두만강
갈라진 백두에서
두 동강난 허리위
바람이 운다

한강과 대동강 물
윤슬 되어 흐르고
그 물결 아래
눈물로 하나 된다

속 타는 가슴 열어둔 갯벌
파도야, 전해 주렴
수평선 너머 너머로
내 고향 그리운 이름

꿈에 본 고향이여
그립다, 그리워라
오늘도 부른다
이산의 노래

고향의 봄 바다

진달래꽃 피는 사월
불어라, 마파람아
지붕 위로 달려드는
솟구재 꽃향기

볍씨 고르던 마루 밑
종알대는 병아리
봄바람에 살랑이는 터럭

변산반도 갯바람에 실려
감나무 새 순에 달려온
봄소식

칠산 바다 뱃고동에
실려 오는 봄바람
살 오른 노랑 조개
물총 쏘는 소리

솟구재

솟구재에 오르면
변산반도 끝자락 칠산 바다로
다가서는 금광바닷가가 보입니다

안개 낀 봄날, 상괭이 울던 새벽
조기떼 장단 따라 출렁이던 바다
부- 욱, 부- 욱, 부- 욱

그물 주인, 징을 치며 외쳤지요
"불등에 조기떼다!"

울력에 나선 마을사람들,
지게 바구니 들고 나서
그물 속, 조기 담아 나르다
지쳐 앉은 불등에서
망연히 위도 섬을 바라봅니다

맞바라기 해안선 너머
칠십줄에 다시 찾은 그 바다
잠자리비행기 타고 간
풍어제 띠 뱃놀이, 대리마을

파장금 울리던 파시와
그물 매던 고향 지인들도
조기떼 알리던 징소리 따라
사라졌습니다

산은 그대로
바다도 그대로건만
대통령 앉은 자리
그 봉우리에서 뛰놀던 친구들
어느새 바람 속 이름으로 남았습니다

훌쩍 자란나무 아래
덩그런 외로움
잊으려해도
잊혀지지 않는
그리운 내 고향

어머니의 사진

떠나간 어머니
나를 잊으실지라도
아직도 서재에서
웃는 사진 속 미소

잠자리에 두 눈을 감아도
떠오르는 얼굴
자꾸만, 자꾸만
넌지시 다가옵니다

솟 튼 화장장
하늘로 흩어진 육신
한 줌 재 묻혔지만

지울 수 없는
숱한 그리움
당신 모습 잊을 수 없어

알랑-가 몰라

똥개 이빨처럼 으르렁대던
파도가 잠든 바닷가 해루질
노랑조개 잡던 그 자리
내가 버린 조가비

사라져간 모래 밭 자락
명사십리 해당화로 꿰어 만든 목걸이
장군바위 앞, 갈매기를 쫓다 지쳐
바다 가운데 샘터에 퍼질러 앉아
조가비로 퍼마시던 생명수

잊지 않았음, 좋겠어
은하처럼 펼쳐지는 밤바다 물결
볼 살에 검버섯 번져도
흘러간 세월을 어찌 탓하랴

눈 감아도 떠오르는
그리운 금광 갱 번

알랑-가 몰라
그리운 사람아
잊지 말아라
장군바위

옥계바다 소나무

바다는 오래 전 싣고 온 씨앗을
모래 빛 소금위에 심어 두었네
푸른 기개로 하늘을 향한 함성
그 자태가 바다의 호흡이었네

검은 시대는 송유를 짜내어
붉은 불속에 던졌고
울지 못한 소나무는 속으로
검게 타 버렸네

꺾이지 않는 평화의 푸르름이여
그 뿌리 깊은 향거는
민족의 심장과 맞닿아
어둠속 저항의 불씨가 되었네

이제 바다는 고요를 품고
소나무는 바람에 노래를 하네
상처는 기억이 되고, 기억은 다시
평화의 숨결이 되는
옥계바다 소나무

금광 해안에 서면

해당화 목걸이 걸고
장군바위 아래 조약돌
조개껍데기 모으던 어린 시절

금광 해안으로 몰려온
파닥거리던 조기떼와 밴댕이
바다의 생명이 떨던 시간

벼랑에 홀로 핀 노란 릴리 꽃
그 꽃 빛 따라 사라진 얼굴
잠 깨우는 주름진 파도 소리
기억의 물결 속에 춤을 추네

파도에 씻긴
빛바랜 조개껍데기처럼
나 또한 남아 있네
금광해안에 서면

똬리

아버지는 새벽 산 너머
핫바지 입고 휘적거려 잡은 새우랑
콩, 팥, 녹두 보퉁이를 이고 다닌
열여섯 딸기 머리, 운명의 굴레

하야 적삼 검정치마
정수리에 얹힌 똬리
왕복 사십 리 장터 길
고단했던 팔십 육년

지나간 세월 속에
검은 머리 사라진
굴레의 고향
백발머리

내려놓은
형틀의 화관

빈집에서

생가 빈집 처마
제비집에 걸린 거미줄 피해
올라간 능선에서
바라보는 변산반도

팔 남매 북적이던 마당
백 여 가구 고샅마다
사라진 아이들 웃음
바람마저 멈춘 숨결

어스름 땅거미 타고
흐려오는 이름과
달빛 젖은 얼굴들이
허공에서
나를 부른다

그리움도 허무도
이제는 다 묵은 그림자
지난 세월 그리워

나를 슬프게 하는
삭은 문짝 나풀대는 아랫방
사방을 둘러봐도 인기척 없는 마당
입 다문 절구통, 대숲 바람에 부대낄 때

지붕 위로 날아온 까치 한 마리
까악, 까악, 까악
그 울음 따라
나도 울고 싶다

우리집 조왕신竈王神

참빗으로 머리 빗고
정한수 떠 놓은 부엌
새벽마다
손 비비시던 어머니

조왕신께 비나이다
조왕신께 비나이다
개천에서 용이 나고
되 글 배워 말 글 풀고
시누대밭에 왕대 나게
조왕신께 비나이다

가마솥 사라진 부뚜막에서
요양병원으로
어머니 따라 간
조왕신竈王神*

* 주나라 조군 신앙 유래
부엌의 신, 불교에서 조왕보살
한국민속에서 부엌을 관장하는 여신(女神) 임

백두 살, 치매

면회 간 요양병원 병실
어머니에게 나이를 묻는다

"어머니 몇 살이야?"
"다섯 살……,"
"아니지, 두 살이야."
"네가 누구냐?"
"전주 사는 둘째 아들"

좋아하는 기정 떡을 드렸다
한 입 드시고는
"맛있다, 너도 한 개 먹어라."
건네주는 떡을 들고
나는 그 눈빛을
물끄러미 바라보았다

병실을 나와 돌아오는 길
나도 가야 하는 길
늙으면

어찌 눈을 감았소

— 막둥이 타령

환갑 지난
보고픈 아들 그리워
어찌 눈을 감았소

못 잊을 마흔 둥이
눈물 속에 기다린
그리운 세월

"안 잊혀서 걱정이다
막둥이 때문에 죽지 못해."

사랑하는 막내딸
아들, 딸. 손자 두고
뜬 눈으로 세운 세월
어찌 눈을 감았소

어머니 미소

삼우제를 지낸 뒤
바다 바람 따라간
어머니 바다는 밀물이었다

살아생전 거닐던
장군바위 그늘에 앉아
바라본 수평선 너머

밀려온 파도소리
부서지는 포말 속
눈물 속에 아른거린
어머니의 얼굴

하늘과 산은 푸르건만
울부짖는 파도소리에
그리운 얼굴 아롱지고

주름진 갯벌 위로
날아가는 갈매기 나래 따라
아련히 떠오른
어머니의 미소

그리운 친구

조개껍데기 모아 놀다
파도에 젖던 어린 시절
벼랑에 흔들리던 릴리 꽃
아, 그리운 얼굴
그 꽃빛 따라간 친구여

릴리 꽃 따라
파도 속으로
사라진 얼굴
단잠 깬 파도 소리

바닷물에 씻긴 조개껍데기처럼
빛바랜 세월 속에 사라진
그리운 나의 친구 경과 범

참기름 한 병

한 살씩 줄여 온 우리 집 나이
유일하게 한 살 더 얹은 막내
처가 식구와 환갑잔치했다나

나이 많다 우쭐대던 시절
형 따라다니던 동생이
친구들과 환갑여행 다녀왔다나

허허, 참 별일이다
술 한 잔에 비실대며
육형제에게 나눠준
참 기름 한 병
그 마음 고소해 웃었다

을사년 환갑에
염색 안한 흰 머리 소년
축하한다는 말도 못했다

그땐 그럴 수밖에

잠자리채를 손에 쥐고
풀밭으로 뛰어다니던 어린 날
길 옆 원두막 아래
넓은 참외 밭이 펼쳐져 있던 그때

노란 참외 한 개를 보고
눈이 부셨을까
조심스레 손을 뻗어 따내어
누가 볼까 두려워 품에 안고 달렸네

바람 부는 산마루에 앉아
머릿속에서 두려움은
모두 사라지고
달콤한 참외 맛은 너무 좋았다

도둑질이 뭔지 몰랐고
그 무엇도 죄가 아니었네
그땐 그럴 수밖에 없었어

내가 모르는 달

내가 아는
세상은 태양

내가 아는
가족은 지구

일 년 삼백육십오일
가족을 싸고도는 달

내가 모르는 아내는 달

푸른 그리움

세 살짜리 아이가 까만 눈을 반짝이며
"할아버지 달이 자꾸 나만 따라와요."라고 했다

떠나간 엄마를 기다릴 때마다
달을 바라보던 예쁜 손녀가 떠나고 난 뒤
아내는 손녀의 잠옷을 끌어안고
달을 보며 울었다

다시 만난 미국 땅
헤어지기 전
손녀와 아내는 태평양 위에 뜬
달을 바라보았다

함께 살자고 붙잡던 손녀는
헤어지며 통곡했고
할머니는 수면제로 눈을 감았다

헤어짐은 그리움이다
화상 전화기로 만난 두 사람의 통곡
지켜보던 사람 붉혀진 눈시울

둥근 보름달이 뜰 때마다
다시 떠오르는
푸른 그리움

선영에서

흘러간 세월
체백이 스민 잔디 밭
검은 비석이 누워 있다

나이테 품은 노송
가슴에 새긴 역사
지키보는 고인돌

이어지고 이어온
잊히지 말아야 할 이름들
한 뿌리 한 핏줄로 남은
황태자 후손들

삶의 흔적은
바람에 스치듯 잔디를 붙잡고
다음 세대를 기다린다

제2부

산책길에서

삼천천 징검다리 · 1

발원지 모악산
종착지 바다를 향하는
시냇가로 날아온 백로처럼

홀로 걷는 삼천 천
먼 하늘로 날아가는 비행기
멀어져가는 물속

흘러가는 구름타고
추억은 햇살처럼
왔다가 사라진다

본향을 향해
떠나간 친구 생각
초점 잃은 시야로 들어온

먹이를 찾는
왜가리와 수달
가마우지와 원앙을 바라본다

먹을 양식 찾아
자맥질하는 가마우지와 오리와 달리
원앙 한 쌍 평화롭다

왜가리 입에 물린 물고기
파닥 파닥 거리는데
하얀 눈 내려

뽀드득 뽀드득
하나, 둘, 셋, 넷
누군가 걸어간 그 발자국 따라

겹친 발자국 위로
이어 가는 인생길
누군가 또 걸어간다

발자국마다 내리는 햇살
눈부신 그길
삼천천 징검다리

삼천천 징검다리 · 2

또아리 구름 어미 뫼 감싸면
내쉬는 한숨소리에
폭포수 눈물
앙가슴 골 따라 흐른다

아린 상처
씻기는 강물
떠오른 태양과
술래놀이를 한다

태양은 술래
물고기는 물레
물고기 찾는 백로
쏴아 알, 쏴아 알 "못 찾겠다, 꾀꼬리"

젖은 바지가랑 사이
흐르는 河- 送- 歲-月-
잇바디 사이로 속삭이는 은하수

징.
검.
다.
리.

삼천천 징검돌

첫 다리, 서른둘
둘째 다리, 서른
셋째 다리, 서른넷
넷째 다리, 마흔일곱

지그재그, 활 모양으로
강을 건너는 길

다섯째, 쉰 넷
여섯째, 스물넷
일곱째, 서른아홉
여덟째, 스물다섯

모두 합쳐 이백팔십 다섯
돌머리에 남은 발자취

백로는 지휘자처럼
날갯짓으로 강을 흔들고
땀방울 쏟아낸 자리 위로
흰점 분비물

비듬처럼
긁지 못한 가려움
내린 비에 씻겨주길 기다린다

정월의 불빛 · 1

— 달맞이

정월 대보름
솟구재에 오르면
둥근 달이 배 멘 바위로 기어오른다
아이들 웃음, 어른들 소원
저마다 두 손 모아
달빛에 보내고
내 눈길은 끝내
그대 얼굴을 찾아
달그림자 속으로 젖어든다

사진 : 김판용 제공

정월의 불빛 · 2

— 삼천천 달집태우기와 쥐불놀이

달아, 달아?
정읍사 여인의 님아, 님아
계수나무 속삭임에
서호로 빠져든 이태백 홀린 달아

정월 대보름
망월 아래 기도 손 모으면
눈동자에 어리는 그리운 님

타오르는 불길 속에
떠오르는 그대 얼굴
잊고파 사르는
내 눈물이야

논두렁 따라 번져가는 불씨
아이들 발자국 따라
환히 달아오른 들판

불 바퀴 돌리고 또 돌려
대지에 스며들 때
내 그리움도 바람에 날려
그대 이름 부르듯 흩어진다

갈대의 노래 · 1

— 갈대의 뿌리

흔들린다고 비웃지 말라
뿌리는, 갈대의 뿌리는
움직임 속의 고요

세상 풍파에
가슴 멍이 들고
술 취한 듯 흔들어도

오직 그 자리
북풍한설에 맞서
버티고 서 있다

장렬한 꺾임에도
끝내 버티어낸
그 뿌리

갈대의 노래 · 2

— 갈대의 시련

산발한 머리칼
삭풍에 떨다 사라진 혼백
동토 위로 떠도는 영혼

한기 속에 외쳐도
뒤틀린 강물은
메아리 없이 흘러가고

울부짖는 가슴
뜬눈으로 기다린 세월
날선 핏빛 눈동자
밤과 얼음 사이

비켜라, 비켜라
움트는 새싹, 터지는 새 봄
땅속 깊이 닻 내린 생명

갈대의 노래 · 3

— 갈대의 순정

살랑대는 봄바람
날리는 머리칼 위로
퍼지는 봄노래
솟아나는 푸르름

시든 거죽
사운거리는 신음소리
요동치는 몸통 따라
흔들거리는 뿌리

흔들릴수록
살아남기 위해
더 깊숙이, 아주 깊숙이
땅속을 파고드는
갈대의 순정

갈대의 노래 · 4

— 갈대의 혼

꺾어지지도 쓰러지지도 않는
땅속 깊이 박힌 뿌리가
굳건하게 붙잡고 있다
바람에 아니 뮐세

모악산 산바람
삼천 바람에 실려 온 폭설도
삽살개 털로 훌훌 털어냈다
눈보라에도 아니 뮐세

열 길 물속과 달리
보이지 않는 땅속에서
단련된 마음, 키운 근육
세파에 아니 뮐세

생각의 숲

5월의 갈대숲
주변머리
올라오는 새싹 울타리
외롭지 않다

헝클어진 머리숱
꺾인 모가지로
쓰러질 듯 비틀려도
살아남은 뿌리

갈대는 늙어 쓰러져도
결코 슬퍼하지 않는
생각의 숲

물 억새

봄바람 밀려오면
베넷머리 살랑인다

산바람에 휘날리는
찰랑이는 검은 머리

소리 없이 달려들어
쓸어가는 강바람
흰 머리 삭풍에 날려

흔들리는 백발
뽑힌 자리의 상처
시리고 아파도
울지 않는다

왜가리

징검돌사이
여울져 흐른
물결이 부르는 소리

강바람 타고
내려앉은
한 마리 왜가리

튀어 오른 물속
물끄러미 바라볼 때
살얼음 파르르 성기는 새벽

발 시린 왜가리
물결 노래 듣고 있다
한 발로 서서

금계와 호랑나비

여덟 개 꽃받침
여덟 개 꽃잎
파르라니 떨다가
둥근 입술 벌린

새악시 귓전에
속삭이는 호랑나비
허둥대는
신부

7월 햇살 아래
우주를 흔드는
화신花神의 춤사위
번쩍 거리다
부르르 떠는
금빛 화관

완산칠봉 은행나무

완산칠봉 중턱
황혼에 물든
한 그루 은행나무

노을빛은 잎맥마다 스며들어
황금물결로 퍼져 나가고
그 빛을 흔드는
늦은 햇살의 손길

겨울을 예비하는 찬 서리
껍질 틈마다 흰 숨결을 새기고
버려진 가지 끝에서조차
또 다른 불씨가 움튼다

세월에 새겨진 옹이와 금이
누군가의 손길처럼 매만져지고
내일을 부르는 바람결 속에서
저 나무는
다시 봄을 기다린다

삶의 그림자

새 봄 이른 햇살에
아침 그림자
길게 뻗어 앞서 달리던 나

여름 뙤약볕
낮 그림자
땀 젖은 어깨에 기댄 벗

가을 산기슭 붉은 빛
오후 산 그림자
먼 능선에 눕는 저 무늬

겨울 눈 쌓인 모악산
나무 등 뒤로
웅크린 삶의 그림자

12 · 3 녹두꽃 민주주의

어디만큼 왔니?
그대, 동학 접주여!
마애불상 비결은 오간데 없고

무궁화 꽃, 피고 진 엄동에
울린 군화발소리에 놀란
한반도 남녘 온 누리

뒤집어질 세상 바로세운
환생한 자유 · 평등 · 정의
여의도에 나타난 녹두장군 얼

전봉준 후예들이
푓대 세운 사자후
도솔천지 가득한 메아리

파랑새 날개바람 일으킨
마애불상 미소 따라
피어난 녹두꽃 민주주의

대련 연화산 복수초

— 안중근 생각

연화산 자락
홀로 핀 복수초
땅위로 올리는 기도소리
내미는 얼굴

어머니가 만든 수의를 입고
동쪽 하늘을 향해
마지막 외침, 동양 평화

성모 마리아, 조 마리아 어머니시어
토마스가 드리는 애절한 기도
"엘리 엘리 사박타니, 나를 잊지 마시오."

갑진년 봄바람
연화산 복수초는
조국 향해 외치는
"영원한 행복"

외로운 황녀 이문용

법사산 깊은 골
풀잎 스치는 바람도
황녀의 잠을 깨우지 못한다

핏덩이로 내쳐진 궁궐
방하촌 물레방앗간
쓸쓸한 운명
그 비밀은 고아의 이름으로 새겨졌다

누가 공주를 붉은 깃발로 불렀던가?
죽어서도 찾는 이 없는 봉분
낯선 돌이 이름 대신 서 있고
봉동, 금상동, 용봉, 법사산
그 휘감겨 간 혈맥의 기억만 남아 있다

무학대사 말사에서 보내온 석불
두 손 모은 자리에
고종의 딸, 덕혜옹주의 언니
황손 이석 누이
숨결이 잠든 곳

해마다 풀은 다시 자라
벌초 손길만 기다리는
외로운 황녀 이문용

봉동의 봉정이여

— 회안대군 부자를 기리며

봉정鳳停 터에 서서
만경강 지는 해 바라보다
흘러간 용상의 꿈을 꾼다

구만리 망곡재 거북바위에
쏟은 한 맺힌 황태자 눈물
백성과 함께 통곡한 통정우물가

왕명을 거스른
백성들이 부른 지명
용진, 봉동, 금상동

왕좌 없는 왕
비운의 황태자
독살당한 회안대군 부자

금상의 바람, 법사산 구름
하늘로 비상한
용진의 꿈, 봉동의 봉정이여

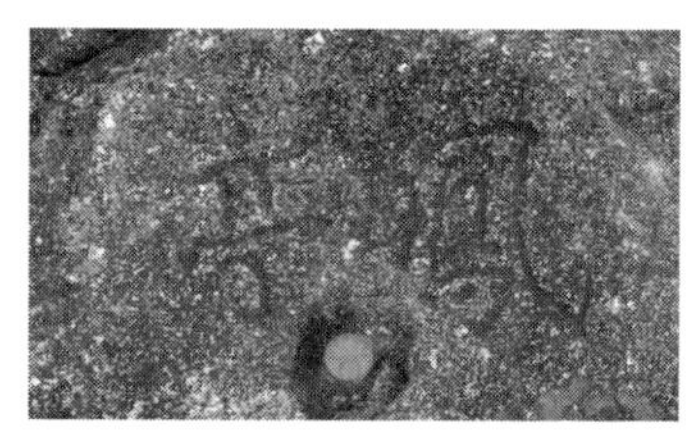

상이암 풍경소리

구룡을 감싸 안은 산자락
여의주 품은 환희담
삼청동 아홉 줄기 화백나무

고려와 조선을 세운
두 영웅 웅혼
하늘을 향해 두 팔 벌려
뜨는 해 감싸 안고, 지는 해 숨긴 관세음보살

드러누운 구룡 허리 너머
흔들리는 태양이
세 번째 영웅을 부르는
나지막한 음성이 메아리 되는

상이암 바람에
들려오는 풍경소리

제3부

나팔꽃 편지

최고 스타

“한밤만 더 자고 가자”라던 애원을
거절한 엄마 몰래 전달한
삐뚤삐뚤 눌러쓴 편지 한 장
단숨에 외워버린 다섯줄

할 머 니 메 우 조 움
엄 마 메 우 나 뽐
아 빠 나 뽐
할 아 버 지 메 우 매 우 조 움
★

두 개 삼각형이 겹친 별 하나가
가슴속에 새겨졌다
한글날에 받은 선물
세종대왕도 모르는 최고 명작

손자가 그리울 때
보고 또 꺼내 보는
메우 매우 조움
끝에 반짝이는 별

눈사람

첫눈 내린 유성 월드컵 주차장
자동차에 쌓인 눈 모아
만든 작은 눈사람
정자 마루에 놓았다

눈사람과 속삭이던 손자에게
집으로 가자고 했더니
"눈사람이 불쌍해"하며
그렁그렁 눈물이 고였다

"그럼 어떻게 할까?"
"눈사람 집에 데려가고 싶어."
"데려가면 녹아 버릴 텐데!"
"냉동실에 넣어두면 되잖아."

하는 수 없이 데리고 간 눈사람
냉동실 자리가 없어
베란다 구석에 앉혀 두었다

새벽 헤어짐이 싫다고 울던 손자처럼
눈사람도 잠이 들었다

하여, 세월가면
언젠가, 그 언젠가
눈사람처럼 사라질
나도 눈사람

내소사 산수유

봉래루 지키는
한 그루 소나무
마당 모서리에 서서
곰소만 건너 큰집 선운사 향한

축대아래 산수유 노란 꽃
검은 기와 위 하얀 글씨
산수유 꽃말이 적혀 있다
"영원불멸의 사랑"

노오란 꽃빛 얼굴에 가린
검붉게 말라붙은, 열매
찬바람에 덜덜 떨고 있다

자식 곁을 떠나기 싫어
울음소리조차 삼킨 듯
"영원불멸의 사랑"
그 말이 더 슬픔이었다

지리산 골로수

지리산 골짜기에 터 잡은 이는
그리움에 지쳐 튼 입술
얼어붙은 혈관 덮은 보굿
북풍한설에 뒤틀려
허리에 붙어있다

한겨울 동장군
차오르는 그리움
봄바람 혈액이 돌아
허리 굽은 보굿 떨어진다

얼어붙은 가슴
뚫어 흐르는 정수
고통을 이긴
환희의 정화수

겨울 장마에 우는 학

범람한 다리 주변
겨울에 잠긴 갈대밭
활주로에 내린 왜가리 한 마리

갈대 아우성과
강물 호통소리에
놀란 머리 들어

잿빛 하늘 한번 올려보고
흙탕물 내려보고
먹이를 기다릴 때

그치지 않고 내리는 비
깃털에 스미어
흐릿한 눈동자에

멈추지 않는
뜨거운 눈물
하염없이 내리다

백 발 청춘

뜨거운 함성이 사라진
귓전
정수리로 내려온 손님

거울에 비친
하얀 꽃 아래
창백한 얼굴

이마 주름 골짜기마다
끝 모를 사연 고여 있고

민들레 홀씨처럼 흩어진 세월
불러도 돌아오지 않는다

흐르는 눈물마저 마른 뒤
남는 것 덧없어
외로운 슬픔에
흐린 눈동자, 먼 산 바라본다

낙화 인생

삶은 피어난 꽃, 죽음은 떨어진 꽃

아카시아 향에 취해 걷는 길
발아래 흩어진 꽃잎이
덧없음을 일깨운다

백세 시대라 하나
가치 없는 연명은 낭비일 뿐
누구나 맞이할 운명

동백꽃처럼
툭— 떨어지는
낙화 인생 꿈꾼다

시드는 달맞이꽃

헤어짐이 다가올수록
끝내 못한 말
입술 끝에 맴돈다

구름에 숨은 그믐달
내 부르짖음 들었을까
메아리 없는 하늘에
외로운 목소리만 떠돈다

팔월의 뜨거운 햇살
그리움 깊을수록
메마른 입술
더 굳게 닫힌다

노란 입술
얼마나 더 기다려야 열릴까
체념한 채 고개 숙인
그 이름 시드는 달맞이꽃

위도와 칠산 바다

조기떼 찾아 나선
육백 어선, 물결 위에 바람 거센 칠산 바다

풍랑에 휩쓸려
되돌아오지 못한 사내들
울부짖던 아낙들의 통곡소리

망부의 눈물
잿빛 물결 된 사연 잊은 위도

수평선 끝자락
외로운 노송 한 그루
세월의 눈물 삼켜 버티어 서고

명사십리 해안 따라
해당화 붉게 타올라
피와 눈물의 역사를 말한다

그랭이질 벌어진 갯벌
아낙의 굽은 허리 위로
갈매기 떼 노랫소리 감싸 안고

오늘도 슬피 우는 형제섬 바다
역사의 무게 안고 흐르는
칠산 바다 메아리여

모악산 진달래 꽃

벚꽃 흩날릴 제
해를 등진 모악산
수줍어 피는 꽃

어미 뫼 자락
버짐처럼 번져
두견새 소리 따라 붉어진다

배 곱아 우는 두견새
“솥 적다, 솥 적어” 울다 지쳐

부끄러운 듯
붉혀진
웃는 얼굴

고인돌

하늘과 땅 사이
두 손 받쳐 올리고

풍 · 우, 바람 모아
삶과 죽음 경계에
놓인 제사상

주목의 눈물

— 덕유산 상고대

잎이 떠나간
앙상한 나무
살결 벗은 나무마다
여름의 피를 감추고 섰다

매서운 세찬 바람에
주목은 사시나무 떨 듯
살아 천 년
죽어 천 년이라 했던가

그 뼈마디 마디마다
눈의 붕대를 휘두르고
긴 침묵의 숨을 고른다

덕유산 향적봉
날선 세찬바람 핥고 간
창백한 야윈 뺨으로

아주 먼 하늘에서
달려온 한 줄기 눈빛
얼어버린 심장을 녹인다

바로 그 자리
긴장 풀린 주목의 얼굴
주루 룩 눈물 한 줄기
봄의 예감처럼 흐른다

세월의 눈

철쭉꽃 웃음소리 날리는
모악산 눈물
강바람 실려가는
백설 따라 흐르는 세월

추운 날 잡아주던 따스한 손길
구부정한 허리에 머문 시선
속절없이 굵어진 가로수
사라지는 근육의 그림자

어찌하랴, 어찌할까나
가는 세월
하얀 눈처럼 스러지고

탱자 가라사대

외딴집
탱자나무 울타리아래
가지런한 장독대

돌 맹이 주워
던진 돌
탱자 대신 쨍그랑 장독

초등학생시절
손들고 혼나던 장황한 설교
탱자의 훈시였다

탱자 꽃을 보면
그 때의 시큼한 기억
탱자 가라사대
코메디 프로가 떠오른다

양귀비 꽃

가느다란 허리로
흔들흔들 춤 추는
고혹의 몸부림

바람에 휜
허리 위로
머문 눈동자

꽃을 찾는
벌 나비 부르는
함박웃음

붉어진 얼굴
파르르 떠는
처녀의 몸 짓

양귀비

당 현종은 장안에 있는데
마실 나왔니?

들판에 홀로 선
꽃 한 송이

흔들리는 다리
누구를 부르는가

타는 가슴 피돌아
달싹이는 입술

나팔꽃 편지

울타리에 기댄
하늘거리는 꽃을 누가
가냘픈 허리라 하랴

연약한 그 모습
내 가슴 열어 놓고
보랏빛 사연 풀어 보이면

상처 입은 가슴 속
깊이 감춘
점자 다섯

하늘대는 그리움
내 가슴에 새긴
사랑의 증표

손녀의 편지

보름달에 어리는
그리운 얼굴
편지 보면 울렁이는 가슴

꽃이 되어 다가오는
미소의 그리움

가시 없는 동백처럼
떨어질까 두려워
숨죽여 부르는 유나

내 너 그립고
너 나 그리울 때
이심전심移心傳心

온 세상을
이어주는 끈

시간의 벽

— 가족사진

나서는 아침
딸들 방 벽에서
스무 해 전 우리가
먼 빛으로 깨어난다

교복 입은 아들과 딸
한 줄기 햇살 같던 장녀
사십대 아내가
말없이 나를 바라본다

발걸음 멈춘사이
시간이 다가오고
나는 남은 온기를
천천히 발 끝에 담아
힘차게 문을 나선다

낙엽의 일생

아주 작은 목소리로
바람이 속삭였다
들릴 듯, 말 듯
땅속에서 부르는 목소리

세레나데인가
내시의 유혹
어지러운 환청

그를 부르는 건 바람
세찬 바람이었다
부르르 떠는 몸
허공에 떴다

비행은 순간
바람 따라
대지 품에 나뒹굴다
숨을 멈춘다

제4부

비양도 등대

선유도 사랑

산둥반도 닭 울음소리 따라
어청도 물고기 합창소리에
하늘에서 내려온 신선

대장봉에 내려서서
끝도 절도 없이
바라본 명도와 말도

할매 바위 걸터앉아
망주봉 바라보며
그리던 이는

장자의 제자 찾아
춤을 추는 무녀도
물길 따라 갔다

비양도 등대

섬 중에
섬
제주

섬 섬 중에
섬
우도

섬
섬
섬 중에 섬
비양도

비양도 끝자락
먼 바다를 향한
외치는
희망의 함성

고향 삼부작

— 형제 섬 바라보며

줄포만 물결 위로 붉게 스며드는 저녁놀
길매기 나래 위로 고향 노래가 어른거린다

갯벌 사이 굽이치던 어린 날의 발자국
소금 냄새 스미던 웃음소리 바람 따라 사라졌다

바다는 여전히 어제를 품은 듯 출렁이건만
솟구재에 올라 형제 떠난 형제 섬 바라보며
나만 홀로 서성인다

— 동호 노송

해란강 바람결 따라
청해의 푸른 물결 타고 온
동호의 노송

명사십리 금빛 물결 너머
떠오르는 고향 땅 눈앞에 아른거리네

끼르윽, 끼르윽
갈매기 춤추고 파도소리 출렁일 때
떠난 님, 그리워
바다를 안은 소나무

줄포만 휘도는 갯바람에 실린
선운산 향기에
스르르 잠이든다

상사화 피는 추석

— 배 멘 바위* 그늘

배 멘 바위 능선 너머
상사화 피는 선운산 위로
보름달이 떠오른다
고요히 흘러내리는 달빛 아래
돌 틈에 스며든 바람소리
그 속에는 어머니의 숨결이 깃들어 있다

쑥과 소나무 향기 쥐어주던
어머니의 송편
그 따뜻한 손맛이
지금도 내 혀끝에 남아 있다
한입 베어 물면
그 시절의 웃음소리
마당에서 찌던 아궁이 불빛이
눈시울을 데웠다

가까이 있으나 잡히지 않는
그리움은 언제나 배 멘 바위처럼
한낮에도 어둑한 그림자 되어
내 마음의 바위틈에 머문다

시간은 흘러도
그늘 속엔 늘
어머니의 얼굴이 숨 쉬고 있다

오늘도 그 바위 위로
보름달이 떠오른다
차마 부르지 못한 이름
바람결에 실려 간 목소리
달이 기울면
상사화 진자리마다
그리움의 씨앗 피어나리라

* 일명 애기 없은 바위

사진 : 김판용 제공

황산의 소나무

부끄러움에 얼굴 가린
운무에 씻은 봉우리
1860미터 허공에
일곱 여행객 숨을 태운다

가쁘게 토해낸 입김
황산의 숨결에 섞이고
안개 속에 젖은 땀방울이여

소나무는 바위를 움켜쥐고
운해는 웬지 슬픔을 걸머진듯
바람결은 옷자락에 매달린다

기이한 암벽 가슴마다
푸른 피가 솟구쳐
소름처럼 일어섰다

설날 연휴

아들, 딸, 손자 한 명도 오지 않는 설날
부부는 말없이 티브이만 바라본다
큰딸은 미국
작은딸은 대전
아들은 서울에서 설날을 맞았다

폭설과 핑계는 알고 있지만 그래도 보고 싶다

허전함을 달래려고 남쪽 바다를 접한 강진으로 향한다
영랑생가와 사의재, 다산을 돌본 주막집도 살펴보고
출렁다리를 건너 가우도를 쏘다녔다

귀양살이 다산과 정약전 형제도
설날에 가족부모 형제가 얼마나 보고팠을까
목민심서 자산어보가 아닌 하피첩은 그리움이다

하룻밤 지나, 내린 폭설로
남도의 지방도로는 설국이 되고
검은 자욱 지워버린 하얀 설원
강물처럼 흐르는 도로 따라
다시 귀향길에 오른 설날 연휴

연잎의 눈망울

덕진 연못 연잎 위로
신흙에서 솟아난 골수
대공 태워 일어낸 물방울

맑은 수정 깨어질세라
감싸 안은 푸른 카펫에서
춤을 추는 진주 알갱이

기우뚱한 그 자리
데구르르 구르다 보면
움찔 움찔 깨질세라

손을 터는 녹색 카펫
얼굴 한가운데로
다시 떠오르는
반짝, 빤짝이는 눈망울

바람꽃

월명산 산자락을 휘감은
서해 바닷바람의 속삭임
"당신만 볼 수 있어요
덧없는 사랑."

갑작스런 고백으로
놀라버린 창백한 얼굴
외눈박이 뜬 눈
바람 앞에 떠는 눈썹

바람난 바람꽃이 아니라
수줍어서 숨어 핀
절개를 품은 꽃
그것은 인고의 망풍화望風花

홍어의 변명

세상 고약한 냄새 나더라도
먹는 사람을 탓하지 마라

나를 싫어하는 이여
너는 죽어 베풀 수 있느냐

나는 죽어서
사는 이들의 양식 되고
제사상에 오른다

한때는 나도
드넓은 바다에서
술에 취하지 않은 붉어진 코로
너울대던 무용수처럼 춤을 췄다

살아서 나를 혐오하는 사람들아
냄새 난다 하지 마라
너도 죽으면 나 못지 않을 걸

봄비와 파전 생각

봄비 내리면
홍건한 빗물에 뜬 꽃잎
흐르는 물 따라 흘러간다

포석정 둘러앉아 흐르는 물 따라
술잔 띄어 술 마시던
왕족도 아니었다

텃밭 쪽파 전 한 장에
막걸리 잔을 들어
내리는 빗방울 바라보며
빗물에 실어 보낸 세월

빠져 나간 골수처럼
백발에 느린 걸음
비 따라 흐른 세월

손길 끊어진
탈색된 항아리
술기운도 빠졌다

파전 한 입에 동동주 한 잔
파전 두 입, 또 한 잔
흐르는 비를 보고 입맛 다신다

멕시칸 청소부

레드우드 시티 새벽
시차에 젖은 이방인
동쪽 하늘을 멍하니 바라볼 때

갑자기 터 오른 분수에 놀란
거위 떼 꽉, 꽉 소리 따라
산책을 나선다

검게 그을린 얼굴
하얀 이 드러낸 멕시칸 미소
쓸던 빗자루 멈추고 비켜선다

큰 나무 그늘아래
수북한 낙엽더미와 거위 똥 품은
슬픈 미소
빼앗긴 땅을 지키려는
사랑의 표정이었다

늦가을

오월은 청춘
청춘은 푸르름
한때 붉게 달아오른
내 피의 불길

허나 지금
바람 부는 저 모악산 자락에
낙엽은 무덤처럼 쌓이고
완산칠봉 장군봉 바위에
늙은 햇살도 비껴간다

한번 스쳐간 청춘은
돌아오지 않고
하루는 하루를 삼켜
허공 속에 사라진다

빛바랜 고독만이
친한 친구처럼
어깨에 내려앉아
늦가을의 저녁 햇살과 함께
허무의 그림자를 길게 늘인다

동호 백사장

하얗게 빛나는 모래가 되도록
때 묻은 내 몸을
자꾸만 닦아 주는 파도
닦고 또 닦아

햇볕 쨍쨍하던 그날
함박웃음으로 내 마음 채우고
깊은 숨을 쉬어보네

백사장엔 사람들 모여들어
무엇이 좋다고
뛰고 달려 짓밟는 것을

허리는 아프고
온몸 쑤시어 아픈 통증
몸 세워 버텨야 하다니

힘이 없어서
소리 한마디 내지 못하고
밀어내지도 못하는 이 고통을

너는 알 수 있을까?

땀 흘려 지쳐
눈 감으면
내 몸은 어느새
바람에 실려 가네

운암호 흑장미

연분홍 흐드러진
운암호 산자락
두견새 울음에 멍든 가슴

아카시아 향기에 취해
심장의 붉은 피가 흐르는
줄기마다

벚 꽃 사라진 길가
철망에 기대어
맺힌 핏방울

푸른 강물에
시린 미소를
짓고 있다

개싸움

산책길에서 본
애완견 두 마리가
왈왈대며 짖고 있다

주인들 잡아끄는 목줄
팽팽해져도
두 눈 부릅뜨고
목이 쇠도록 으르렁댄다

먹이도 주인도 아닌
영역 다툼을
바라보는 시선들

여랑 야랑 으르렁대는 여의도 국회
이느니 시비요, 생기노니 싸움뿐
먹이도 주인도 팽개친
으르렁 대는 개싸움이다

두 눈을 감고 가는 인생

어찌할까나
어찌할까나
아름다운 산하를 두고
어찌 눈을 감으랴?

어찌할까나
어찌할까나
지나간 세월아
아쉬운 미련아

어찌할까나
어찌할까나
소중한 인연
아쉬움과 그리움을

어찌할 수 없어
어찌할 수 없어
두 눈 감고 가는 인생

집으로 가는 길

은행나무 가로수 길
오르막 좁은 길

검은 고양이 눈빛이
매섭게 나를 바라본다

완산칠봉 달님은
나를 부르는데
어둠 속에 숨은 보이지 않는
꽃들의 향기가 짙게 풍긴다

스쳐 지나가는 사람의 무리
그들의 웃음은 가벼움 없고
발걸음도 무겁기만 하다

은근한 허기가 나를 쫓는데
오늘은
붕어빵 장사도 없다

느슨해진 허리통과
쭉 늘어진 어깨에
하루의 기억을 얹고
터벅터벅 걷는다

높은 아파트가
하늘을 찌르고
각층마다 불 켜진 창
늘어만 간다

삶의 기운 속에서
내 평생을 살아 갈
보금자리가 보인다

늘 오고 가는 이 길은
언제나 익숙하고
나만이 가야할
그 길을 향하여

떠날 때는 말없이

송화 가루 버물은 삐비와
보리 고개 그슬려 먹던 옛 생각

미움도, 기쁨도
흘러간 과거를

들어줄 이 없어도
두 눈 껌벅이며
중얼거린다

사랑했다고, 미안하다고
그때는 몰랐다고
변명하지 않으리다

때가 되면 알게 되리니
떠날 때는 말없이
아주 말 한마디 없이

| 작품해설 |

평범함을 새로움으로 표상한 서정적 매력

신남춘 시인

이준구 시인의 시는 겉보기에는 평범해 보일 수 있다. 하지만 그 '평범함' 속에는 오히려 시인의 독보적인 품격과 정서적 깊이가 숨어 있다. 그저 지나치기 쉬운 사소한 장면과 풍경, 평범한 일상 속에서 시인은 고향 산천과 바다의 그리움을 발견한다. 그 그리움은 단순한 회상이 아니라, 오랜 산책과 사유를 통해 길러진 깊은 성찰에서 우러나오는 것이다. 시인의 시에서는 감정을 드러내는 표현이 주로 나타나지만, 그 속에는 인간적 조건과 삶의 경험이 섬세하게 반영되어 있다.

폴 발레리는 위대한 시인을 이렇게 정의했다. "정신이 살짝 엿본 데 불과한 것을 그들의 말로 사로잡는 일."

이준구 시는 바로 사소하고 순간적인 경험 속에서도 의미를 발견하고, 그 의미를 언어로 사로잡아 독자에게 전달하는 능력을 보여 준다. 이는 단순한 서정의 반복이 아니라, 사라져 가는 일상 속에서 보편적 울림과 성찰을 길어 올리는 시적 행위라 할 수 있다.

논어 「양화편」에서 공자가 아들 백어에게 말한 "시를 배우지 않으면 그 마음은 마치 담 벽을 보고 마주 선 것과 같다."

시를 통해 마음을 열고 세상을 관찰하며 의미를 포착하는 경험은, 융통성과 사고의 유연함을 길러준다. 이준구 시의 매력은 바로 이 지점에서 드러난다.

첫째 : 평범한 장면을 관찰하는 눈

둘째 : 사소한 풍경 속에서 삶의 의미를 발견하는 힘

셋째 : 그 발견을 시적 언어로 포착하는 능력

이런 면에서 그의 시는 단순한 서정 이상의 사유와 성찰의 깊이를 담고 있으며, 독자에게 잔잔하지만 오래 남는 울림을 준다.

이준구의 시는 감정표현을 내용에 기본으로 하되 사물과 세상에 대한 지적 분석과 비판 정신도 함께 수용한다. 우주와 인생 그 모두를 마음의 눈 속에 가장 인간적인 눈으로 비춰 내고 있다. 시는 시인 자신만의 시선으로 세상 모든 것을 낯설게 보고 그것을 섬세하게 묘사하기를 바란다. 낯설게 하기란 러시아 형식주의자인 문학이론가들이 "시의 기능을 사물의 낯설게 하기"라고 규정한데서 따온 말이다.

영국의 작가 체스터턴 G.K chesterton은 거리의 가로수를 "그것은 노상 누워만 있는 땅의 일부가 그 지루함을 견디다 못해 어느 날 벌떡 일어선 모습'이라고 말하였다. 가로수에 대한 낯설고 새로운 인식이 아니겠는가? 낯설게 만드는 새로운 인식은 그 대상을 실제로는 그렇지 않은 다른 무엇으로 변용시키고 있는 것이다. 시를 쓰는데 기본이 되는 마음의 바탕은 상상력을 통해 사물의 세계를 바라보는 자세라 볼 수 있다. 이런 상상력은 항상 인간의 감정과 더불어 작용을 한다. 낯설게 한 것, 감정이 모두 상상력으로 수렴되는 것이다.

'낯설게 하기'라는 점에서 볼 때 이준구의 시는 거리가 좀 떨어져 있는 느낌이다. 시적 관심이 낯설게 하려는 표현이 다소 소홀함이거나 구태여 노력하지 않아 보인다. 시가 난해 하지도 생경하지도 않으면서 또한 의인법이나 은유법처럼 현란한 비유도 별로 없다. 묘한 매력은 특별히 새로워 보이지 않는 시적 건강함이다. 고향을 그리워하고 소박하고 순수하고 진정성이 느껴지는 매력이 있다. 이준구 시인은 그동안 모아온 작품 77편을 모아 첫 시집을 낸다. 이제 이준구의 시 몇 편을 음미 하고자 한다.

칠산 바다 물결 따라
파도소리 스민 바람
허물어진 산기슭에
단애의 아픔 담겨 있다

파도야, 너는 알겠지
사라진 청춘의 흔적
모래 속 깊이 묻어둔
말 못 할 사연들을
입 꼭 다문 채 말하지 마라

석양 붉게 잠기면
가슴은 불처럼 타오르고
고향의 바다 위에는
금빛 이불, 고요히 펼쳐진다

—「그리운 고향 바다, 13쪽」 전문

여기 고향은 시인이 정중히 살아온 청춘시절이다. 그리운 고향 바다는 사라졌거나 몰락이 아니라 터질듯 한, 붉은 가슴 출렁이는 장렬한 삶을 표징 한다. 젊은 날의 칠산 바다 그 시절의 활력, 모래 속에 묻은 사연들을 구태여 말하지 말라 한다. 석양 노을의 붉은 생동감이 이 시를 아름답고 생기 있게 묘사를 한다. 금빛 이불을 꿈꾸는 고향 바다를 그리워 하는 시인의 향수가 칠산 바다의 부활을 꿈꾸고 있음을 암시한다.

시어의 선택, 행과 열의 배치, 문맥흐름의 간결성, 문장의 적절한 응축, 시적 구조 필요 요건을 충족하고 있음이 특히 노을 진 고향에서 상투적 이미지를 벗어난 창조적 상징이 이 시를 밝게 하고 있다.

떠나간 어머니
나를 잊으실지라도
아직도 서재에서
웃는 사진 속 미소

잠자리에 두 눈을 감아도
떠오르는 얼굴
자꾸만, 자꾸만
넌지시 다가옵니다

솟 튼 화장장
하늘로 흩어진 육신
한 줌 재 묻혔지만

지울 수 없는
숱한 그리움
당신 모습 잊을 수 없어

―「어머니의 사진, 18쪽」 전문

그리워 한다는 것은 모든 아픈 기억으로부터 자신을 지켜내는 것을 말하고 모든 슬픈 기억에서 자신을 떨쳐버리는 것입니다. 주어도주어도 항상 모자라는 마음 두려움 없이 당당하게 살아야한다 하시던 어머니 생각이 문득 문득 떠오릅니다.

오랜 세월을 지나쳤으되 항상 내 곁에서 웃고 있으신 어머니 생각이 떠오름은 행복한 내일을 살기를 바라시던 어머니의 그 사랑이 언제나 내 마음속에 웅크리고 있는 까닭입니다. 지금도 내 곁에 계신 듯 자꾸만 꿈에 보이는 어머니를 몹시 그리워하는 시인의 마음이 간절히 표출 되고 있다.

바다는 오래 전 싣고 온 씨앗을
모래 빛 소금 위에 심어 두었네
푸른 기개로 하늘을 향한 함성
그 자태가 바다의 호흡이었네

검은 시대는 송유를 짜내어
붉은 불속에 던졌고
울지 못한 소나무는 속으로
검게 타 버렸네

꺾이지 않는 평화의 푸르름이여
그 뿌리깊은 향거는
민족의 심장과 맞닿아
어둠 속 저항의 불씨가 되었네

이제 바다는 고요를 품고
소나무는 바람에 노래를 하네
상처는 기억이 되고, 기억은 다시
평화의 숨결이 되는
옥계바다 소나무

— 「옥계바다 소나무, 21쪽」 전문

이 시에서 시인은 바다와 소나무를 단순한 자연 풍경이 아닌, 민족과 역사를 담는 상징적 존재로 그려낸다. 이 시는 시평을 쓰게 된 필자와 함께 참가한 서울 시인협회가 주관한 "해변시인학교 백일장 대회"에서 〈장원〉으로 등장한 작품이다.

시인의 작품 속 海松과 青海와 필명 海光 또한 바다 빛이듯 푸른 소나무와 바다는 민족정신과 가족사를 터 잡은 희망을 내포하고 있다. 바다는 씨앗을 품은 존재로, 소나무는 "푸른 기개로 하늘을 향한 함성"을 올리며 등장한다. "검은 시대"는 소나무의 송진을 빼내 불태운, 울음을 삼킨 채 속으로 검게 타 들어간 일제 강점기와 민족적 고통을 비유한다.

시인은 일제 강점기 징용당한 두 분의 숙부님과 소금 공출을 피하기 위한 헐값으로 내 놓은 소금 공장을 인수한 선친께서 전 소금공장 소유자의 소금 생산 공출에 저항하다가 주재소에서 즉결 체벌로 주검 상태에서 구사일생으로 살아난 비극적 가족사에 터 잡은 시라고 수상소감으로 고백하였다.

그럼에도 시는 절망에서 멈추지 않는다. 타들어간 소나무의 뿌리에서 "어둠 속 저항의 불씨"가 되살아나고, 결국 소나무는 바람 속에서 노래하며 상처를 기억으로, 기억을 평화로 승화시킨다.

이 시는 바다와 소나무를 통해 말한다. 아무리 암울한 시대적 상황에서도, 뿌리 깊은 정신은 사라지지 않는다. 그러

한 기억이 오늘의 평화를 가능하게 한다. 짧지만 강렬한 울림을 주는 이 작품처럼 우리 역사를 돌아보게 하는 역사를 증언한 시가 몇 편 더 수록 되어 있다.

이준구 시인의 시는 진정성 있는 인간의 품격을 담담하게 노래하며, 자연과 일상의 삶 속에서 시어를 탐구했다. 소박함과 순수함, 깊은 진정성은 독자에게 특별한 울림을 주며, 사물 속에서 자연과 역사를 통찰하는 시인의 날카로운 시선을 통해 희망의 사유가 스민 페르소나 노래로 탈바꿈시켰다.

세 살짜리 아이가 까만 눈을 반짝이며
"할아버지 달이 자꾸 나만 따라와요."라고 했다

떠나간 엄마를 기다릴 때마다
달을 바라보던 예쁜 손녀가 떠나고 난 뒤
아내는 손녀의 잠옷을 끌어안고
달을 보며 울었다

다시 만난 미국 땅
헤어지기 전
손녀와 아내는 태평양 위에 뜬
달을 바라보았다

함께 살자고 붙잡던 손녀는
헤어지며 통곡했고
할머니는 수면제로 눈을 감았다

헤어짐은 그리움이다
화상 전화기로 만난 두 사람의 통곡
지켜보던 사람 붉혀진 눈시울

둥근 보름달이 뜰 때마다
다시 떠오르는
푸른 그리움

—「푸른 그리움, 34-35쪽」 전문

세 살짜리 손녀를 둔 할아버지 손녀를 아끼고 사랑하는 걸 느끼게 하는 글이다. 헤어지기가 싫어 함께 살고파 하는 어린 손녀를 생각하면 사랑을 나눠 본 사람은 사랑을 주는 것이 얼마나 기쁜 일인지를 안다. 사랑을 받아본 사람, 사랑을 주어본 사람은 사랑이 얼마나 소중한지를 잘 안다. 외로울 때 주는 사랑이 많은 위안이 되는 것을 알고 사랑은 욕심을 부리지 않아야 한다는 것도 잘 안다. 사랑에 인색하지 않아야 하고 주는 만큼 되돌려 받는 것이 사랑의 진실이고 순리란 걸 안다.

어린 손녀를 키우다가 외국으로 떠나보낸 조. 부모의 손녀에 대한 애틋한 마음을 겪어보지 않은 사람은 알 수 없는 노릇이다. 시인은 "헤어짐은 그리움이다." 라고 말한다. 화상 전화로 만난 두 사람의 통곡, 지켜보다 붉혀진 눈시울이 시간의 흐름 속에서 그리움으로 쌓였나 보다.

예쁜 손녀의 천진난만함, 꾸밈이 없는 진솔함을 기억하기로 둥근 보름달이 뜰 때면 다시금 떠올리는 그리움을 시인은 푸른 그리움이라 표출하고 있다.

발원지 모악산
종착지 바다를 향하는
시냇가로 날아온 백로처럼

홀로 걷는 삼천 천
먼 하늘로 날아가는 비행기
멀어져가는 물속

흘러가는 구름타고
추억은 햇살처럼
왔다가 사라진다

본향을 향해
떠나간 친구 생각
초점 잃은 시야로 들어온

먹이를 찾는
왜가리와 수달
가마우지와 원앙을 바라본다

먹을 양식 찾아
자맥질하는 가마우지와 오리와 달리
원앙 한 쌍 평화롭다

왜가리 입에 물린 물고기

파닥 파닥 거리는데
하얀 눈 내려

뽀드득 뽀드득
하나, 둘, 셋, 넷
누군가 걸어간 그 발자국 따라

겹친 발자국 위로
이어 가는 인생길
누군가 또 걸어간다

발자국마다 내리는 햇살
눈부신 그길
삼천천 징검다리

—「삼천천 징검다리 · 1, 39-40쪽」 전문

눈 내리는 날 삼천 천을 걷는다. 사람은 누구나 자신의 인생을 명품으로 만들고 싶어 한다. 먼 하늘로 날아가는 비행기, 본향을 향해 떠나간 친구 생각, 먹을 양식을 찾는 왜가리와 오리, 유영하는 한 쌍의 원앙, 왜가리 입에 물린 물고기의 파닥거림 등 주변 풍경을 주워 담았다.

뽀드득 눈길을 하나 둘 셋 세며 가는 발자국 소리를 들으며 자신의 삶을 짝퉁 인생이 아닌 명품 인생을 바라고 있다. 내가 걷는 길을 또 누군가가 걸어간다. 발자국 위로 눈이 내리면 지워져버린 발자국 위로 또 이어주는 발자국을 만들어 주는 인생길이다.

발자국 위로 내려앉은 햇살로 눈부신 길을 시인은 뚜벅뚜벅 걷는다. 늘 그랬듯이 아름다운 인생길 되길 바라는 마음으로 한번뿐인 인생을 명품 되는 인생길을 만드는 것, 전적으로 자신에게 있음을 깨닫는 순간을 맞는다.

또아리 구름 어미 뫼 감싸면
내쉬는 한숨소리는 천둥되어
폭포수 눈물
앙가슴 골 따라 흐른다

아린 상처
씻기는 강물
떠오른 태양과
술래놀이를 한다

태양은 술래
물고기는 물레
물고기 찾는 백로
쏴아 알, 쏴아 알 "못 찾겠다, 꾀꼬리"

젖은 바지가랑 사이
흐르는 河- 送- 歲-月-
잇바디 사이로 속삭이는 은하수

징.
검.

다.

리.

—「삼천천 징검다리 · 2, 41-42쪽」 전문

보이지 않는 것은 보이는 것보다 항상 신비롭고 경건하다. 진실로 소중한 것은 눈에 보이지 않는 가 보다. 시인의 마음의 눈으로 보이는 것은 아린 상처 씻기는 강물, 떠오르는 태양과 술래놀이를 하는 것이다. 젖은 바지 가랑사이 흐르는 하송세월河送歲月, 보이는 것만 쫓아가기 위해 헛된 마음 품지를 말고 진실을 쫓아 속삭이는 은하수, 시인의 눈에 보이는 징검다리 등 자연에 순응하는 의연함이 이치에 조화롭게 순탄하기로 앙가슴 골 흘러 속삭이는 은하수이다.

눈부신 태양, 잇바디는 시인은 가슴 설레며 자연의 조화로움에 늘 순응하고 따뜻한 위안을 소망하는 것 아닐까. 징검다리의 생은 아름다운 것, 언제나 오늘을 품고 사는 삶의 시간 속 징검다리 이길 염원한다.

살랑대는 봄바람
날리는 머리칼 위로
퍼지는 봄노래
솟아나는 푸르름

시든 거죽
사운거리는 신음소리

요동치는 몸통 따라
흔들거리는 뿌리

흔들릴수록
살아남기 위해
더 깊숙이, 아주 깊숙이
땅속을 파고드는
갈대의 순정

—「갈대의 노래 · 3, 50쪽」 전문

흔들리는 갈대가 땅속 깊숙이 내린 뿌리를 보았다고 시인은 말했다. 오늘이나 내일이나 변화할 줄 모르는 삶은 매너리즘의 늪에서 허덕이게 되고 구태 의연한 생각에서 벗어나질 못한다. 땅속 깊이 박힌 갈대의 뿌리를 관찰한 시인의 마음을 엿 보았다.

변화하지 않는 것은 사물이든 사람이든 사회가 되든 더 나은 미래로 나아갈 수가 없다. 흔들릴수록 땅속으로 파고드는 갈대 뿌리의 삶이야말로 항상 깨어있는 생각으로 새로운 변화를 창출한다. 솟아나는 푸르름, 사운거리는 신음소리, 흔들거리는 뿌리, 땅속을 파고드는 갈대 등 문장의 간결함과 상황 묘사가 절묘하다.

완산칠봉 중턱
황혼에 물든
한 그루 은행나무

노을빛은 잎맥마다 스며들어
황금물결로 펴져 나가고
그 빛을 흔드는
늦은 햇살의 손길

겨울을 예비하는 찬 서리
껍질 틈마다 흰 숨결을 새기고
버려진 가지 끝에서조차
또 다른 불씨가 움튼다

세월에 새겨진 옹이와 금이
누군가의 손길처럼 매만져지고
내일을 부르는 바람결 속에서
저 나무는
다시 봄을 기다린다

— 「완산칠봉 은행나무, 56쪽」 전문

시인은 완산칠봉 산책길에서 황혼에 물든 은행나무를 본다. 황학산 너머로 지는 해를 따라 떨어지는 단풍잎을 바라보는 시선, 아쉬움 가득 하다. 벌거벗은 나뭇가지에 내리는 찬 서리를 시인은 겨울바람을 앙칼진 소리로 듣는다. 은행나무는 순리에 따라 자신의 몸을 지키는 지혜를 가졌다. 찬 서리 내려도 힘의 강약을 스스로 조절하며 위기감을 느끼지 않고 당당하게 살아간다.

주름진 세월도 혹여 받은 상처도 아무르면 새 날 새 봄이 올 거란 생각이다. 봄은 생명, 시작, 푸르름, 신선함, 따뜻함의 이미지를 물씬 풍기는 맑고 깨끗한 아름다운 계절로 시인은 겨울을 이긴 은행나무의 당당함처럼 푸르고 맑은 길을 걸어가려는 봄 같은 인생이 되고 싶어 하고 있다.

은행나무의 삶처럼 사람의 숲에서 사람답게 살아가는 절대적인 품성을 향유하기를 원하는 것이다.

울타리에 기댄
하늘거리는 꽃을 누가
가냘픈 허리라 하랴

연약한 그 모습
내 가슴 열어 놓고
보랏빛 사연 풀어 보이면

상처 입은 가슴 속
깊이 감춘
점자 다섯

하늘대는 그리움
내 가슴에 새긴
사랑의 증표

— 「나팔꽃 편지, 86쪽」 전문

삶의 참 모습이란 깊은 성찰에서 오는 것이다. 우주의 모든 것은 질서와 순리로 이뤄져 있으며 꽃이 아름다운 것은 갓 피어 매혹적인 향기를 품어내고 서로 품어도 주고 안아도 주고 사람들에게 위로를 주기 때문이다. 아름다움이 시드는 순간 누구에게도 사랑받지 못하는 쓸모없는 처지로 전락을 한다지만 살아 있는 꽃처럼 아름다운 것은 없다. 보라색 사연 깊이 감춰버린 밀어를 시인은 사랑의 증표라고 말하고 있다. 내 가슴에 담긴 사연들 드높은 향기를 뿜어 낼 수 있도록 가꾸고 매만지고 정성을 쏟아야 한다는 걸 시사하고 있다.

살아 있는 꽃은 빛깔과 향기와 소리를 지녔다. 비록 연약해 보이지만 뜨거운 생명의 오묘함으로 나팔꽃은 우리 곁에서 보라색 사연을 퍼뜨리며 사랑을 받고 있다. 나팔꽃 속에 찍힌 다섯 개의 점까지 관찰한 시인의 탐구 정신에 자신의 사연을 담았다.

오월은 청춘
청춘은 푸르름
한때 붉게 달아오른
내 피의 불길

허나 지금
바람 부는 저 모악산 자락에
낙엽은 무덤처럼 쌓이고
완산칠봉 장군봉 바위에
늙은 햇살도 비껴간다

한번 스쳐간 청춘은

돌아오지 않고
하루는 하루를 삼켜
허공 속에 사라진다

빛바랜 고독만이
친한 친구처럼
어깨에 내려앉아
늦가을의 저녁 햇살과 함께
허무의 그림자를 길게 늘인다

— 「늦가을, 107쪽」 전문

한때 피어나는 청춘을 오월로 비유했다. 청춘은 늘 푸르름으로 존재하며 녹색 꿈을 꾼다. 그 시절이 생각나 곱씹어 본다. 세월이 무수히 흘렀어도 내가 본 모악산이랑 완산칠봉은 늘 그대로 존재 하건만 어이해 지나가버린 내 청춘은 바람 따라 한없이 날아가 버린 늦가을 낙엽처지가 되어 버렸는가. 산은 멀리서 보면 푸르고 아름답게 보이지만 가까이서 보면 잎이 무성한 것도 빛바랜 것도 있고 숲이 엉성해 보이기도 한다.

우리 인생도 사연 없는 사람이 없다. 아무리 내면이 깨끗하고 아름다웠을지라도 늦가을 낙엽 따라 날아가 버린 청춘이 다시 올 수 없음을 시인은 못내 아쉬워하고 있다. 인생도 마치 나무와 같아서 어떻게 가꾸고 보살피는 가에 따라 진실로 아름다움이 연출 된다. 빛바랜 고독을 한 아름 가을 속에 쌓는 때 그때가 주어진 일에 묵묵히 정성을 쏟을 때다.

오늘은 허무할지라도 내일은 푸른 날갯짓을 기대 할 일이다.

산책길에서 본
애완견 두 마리가
왈왈대며 짖고 있다

주인들 잡아끄는 목줄
팽팽해져도
두 눈 부릅뜨고
목이 쇠도록 으르렁댄다

먹이도 주인도 아닌
영역 다툼을
바라보는 시선들

여랑 야랑 으르렁대는 여의도 국회
이느니 시비요, 생기노니 싸움뿐
먹이도 주인도 팽개친
으르렁 대는 개싸움이다

—「개싸움, 111쪽」 전문

시인의 시에서 보기 드문 현실 정치에 대한 풍자시다. 산책길에서 주인과 산책에 나선 애완견을 유심히 지켜본다. 목줄을 잡힌 애완견들은 주인을 믿고 으르렁대는 흔한 모습을 시인은 그냥 지나치지 않았다. 국민이 선택한 국회의원들을 애완견에 빗대었다.

시집에 수록한 12. 3일 역사적 사건을 동학농민 혁명인 "녹두꽃 민주주의"의 주인공 〈전봉준의 얼〉이라 표현 했다. 국민을 인질로 삼았던 잘못된 역사에 대한 준엄한 정치를 개싸움으로 빗댄 현실 정치에 대한 정문일침頂門一針이 아니겠는가?

이준구 시를 살펴보면, 인간의 품격과 진정성을 문장으로 그려내고 있다. 고향과 자연, 삶과 역사의 지평 속에서 생의 바람직한 방향을 끊임없이 모색하며, 신앙인의 믿음과 사랑을 승화된 상징으로 형상화하고 있다. 그의 시에는 낯설게 하기 위한 인위적 장치도, 눈부신 수사도 거의 없다. 그 대신 소박함과 순수함, 진정성이 느껴지는 매력이 있다. 이준구 시인은 사물과 세상을 바라보는 평범한 일상의 시선 속에서도 새로움을 길어 올리고, 그 안에서 삶을 통찰하는 서정적 세계를 구축해 온 서정 시인이다.

— 신남춘 시인

이준구 시집
옥계바다 소나무

인쇄 2025년 12월 05일
발행 2025년 12월 12일

지은이 이준구
발행인 서정환
펴낸곳 신아출판사
주소 전북 전주시 완산구 공북 1길 16(태평동 251-30)
전화 (063) 275-4000
팩스 (063) 274-3131
이메일 sina321@hanmail.net
출판등록 제465-1984-000004호
인쇄 · 제본 신아문예사

저자와 협의, 인지는 생략합니다.
잘못된 책은 바꿔 드립니다.

ISBN 979-11-24068-27-4 03810
값 13,000원

Printed in KOREA